GO! GO! 과학 특공대 10

숨 쉬고 운동하는 식물의 생활

정완상 지음

BooksHill
이치사이언스

추천의 글

여러분은 상상이 잘 안 되겠지만 선생님은 초등학교 시절 교과서 외에 읽을 수 있는 책이 없었습니다. 한 권 있는 지도책을 등잔불 밑에서 보고 또 보며 세계 여러 나라와 도시 이름을 외우며 상상의 나래를 펼치곤 했지요. 50여 년이 지난 지금도 그때 너덜너덜해진 지도책을 생각하면 저절로 지구상의 모든 나라들이 머릿속에 그려집니다. 읍내에 있는 중학교에 들어가면서 다행히 뉴턴과 아인슈타인, 에디슨 등과 같은 인물들을 책으로 만날 수 있었고, 그때부터 저는 과학자가 되겠다는 꿈을 키웠고 대학에서 과학을 전공하고 교수가 되었습니다.

책은 우리 미래를 밝히는 등대입니다. 선생님은 "Go! Go! 과학특공대"가 여러분을 더 넓은 세상과 더 나은 미래로 이끄는 푸른 신호등이 되리라 확신합니다. 여러분들이 학교에서 배우고 있는 내용들을 즐겁고 재미있게 느끼도록 만들었으니까요.

위대한 과학자 뉴턴은 "나는 진리의 바닷가에서 반짝이는 조개껍질 하나를 줍고 기뻐하는 어린아이와 같다."라고 했습니다. 여러분도 "Go! Go! 과학특공대"를 읽고 뉴턴이 느꼈던 그 기쁨을 마음껏 누려보길 바랍니다.

전우수(한국초등과학교육학회 회장 · 공주교육대학교 교수)

이 책을 읽는 어린이들에게

언제나 날 본체만체하는 우리집 야옹이를 알아가는 것, 친구와 하는 내기에서 빨리 셈하는 방법을 알아내는 것, 밤하늘의 반짝이는 별들의 이름을 찾아보는 것은 즐거운 일이지만, 생물을 공부하고, 수학을 공부하고, 과학을 공부를 하는 것은 어렵습니다. 아니, 솔직하게 말해서 공부는 어렵다기보다 하기 싫은 것이죠. 그럼 왜 공부가 하기 싫을까요? 그것은 어른들한테도 어느 정도 책임이 있답니다. 어른들은 1등, 2등밖에 모르기 때문입니다. 사실 엄마 아빠도 모두가 1, 2등을 한 것도 아니면서 말입니다.

학교 갔다 와서 친구들과 축구를 한다거나 컴퓨터 게임을 하면 재미있죠. 맞습니다. 이 글을 쓴 선생님도 학교 갔다 오면 친구들과 동네를 휩쓸고 다니며 노는 것이 공부보다 즐거웠답니다. 그렇게 놀기만 하다 보니 공부가 점점 더 싫어지더라고요. 그러다가 된통 어머니께 꾸중을 들은 날이 있었습니다. 그날 눈물콧물 줄줄 흘리며 혼자 방 안에 앉아 있는데 '그렇게 놀기만 해서는 커서 빈털터리 건달밖에 안 돼.' 라는 어머니 말씀이 자꾸 생각나더라고요. 그래서 공부하는 데 취미를 붙여 보려고 책 읽는 연습부터 했죠. 하기 싫은 것을 억지로 한다고 해서 될 것이 아니라는 것을 알았기 때문에, 책 읽는 연습부터 한 거예요.

일을 안 하고는 생활할 수 없듯이, 여러분도 아주 조금씩이라도 공부에 관심을 가져야 합니다. 이건 경험을 통해 알게 된 것이에요. 그래서 전 어렸을 적 저처럼 아주 공부하기를 지겨워하는 학생들을 위해 이 책을 썼습니다. 이 책을 재미있게 읽다 보면 몰입하는 즐거움을 느낄 수 있습니다. 몰입이 뭐냐고요? 몰입은 한 가지 일에 푹 빠지는 것을 말합니다. 그러다 보면 바깥이 궁금하고 컴퓨터를 켜고 싶은 생각은 싹 사라지고, 궁둥이도 무거워지겠지요.

이 책에서 여러분은 꼭 배워야 할 내용들을 생활이며, 체험이며, 놀며 즐기는 놀이로 알아갈 수 있습니다. 어떻게 그렇게 하냐고요? 이 책을 통하면 못할 것이 없습니다. 어디든 갈 수 있고 무엇이든 할 수 있죠. 이 책의 주인공들이 경험하는 일들은 모두 우리가 배워야 할 것들이고, 신기하게도 이 친구들을 따라가다 보면 지겨울 틈도, 졸릴 틈도 없답니다. 사실이냐고요? 그럼 선생님 말이 맞나 안 맞나 확인해 보면 되죠. 책장을 펼치고 기대해 보세요. 선생님이 공부를 즐겁게 할 수 있는 마법을 걸어 줄게요. 준비가 되었다면 힘차게 책장을 넘겨 봅시다.

저자 씀

차 례

숨 쉬고 운동하는 식물의 생활

● 주인공 소개 ●

바이오팬

생물천재 바이오팬은 12살 소년이다.

그는 다른 아이들처럼 학교에 다니지 않고 아버지가 만들어 주신 SR로 모든 공부를 할 수 있다.

SR이 뭐냐고?

SR은 Scientific Reality, 즉 번역하면 '과학현실'이라는 프로그램이다. 우리가 가상현실 게임 속에서 로켓 조종사가 되기도 하고 골프 선수가 되기도 하듯 SR을 통해서 바이오팬은 생물에 대한 모든 것을 여행하며 배울 수 있다.

바이오팬이 오늘 배우고 싶어하는 주제는 식물에 관한 것이다. 생물 천재에게 그런 게 왜 필요하냐고? 아빠는 기본 개념에 충실해야 한다고 항상 강조하신다. 그래서 바이오팬은 식물에 대한 SR을 시행하기로 결심했다.

바이오팬이 SR의 초기화면에서 '과학 〉 생물 〉 식물 〉' 을 선택하자 다음과 같은 메시지가 나타났다.

식물에 대한 SR 프로그램입니다.

당신은 다음 상황을 체험하게 됩니다.

□ 식물나라 여행

스테이지 1

숨구멍을 지켜라

식물의 호흡

식물은 잎의 숨구멍을 통해 이산화탄소를 마시고
산소를 내보내는데, 이것을 **식물의 호흡**이라 부른다.

몸집이 작아진 바이오팬은 콧노래를 흥얼거리며 숲길을 걷고 있었다. 그때 눈앞에 초록색 가루를 뿌려대며 작은 날개를 파닥거리는 생물체가 나타났다.

"우와, 정말 아름답다. 쪼끄만 게 빛을 내며 날아다니는 걸 보니 분명 반딧불인가 봐. …… 아냐, 지금은 밤도 아닌데……, 그럼 저게 뭐지?"

바이오팬은 손을 높이 들고 까치발을 하며 생물체를 잡아 보려 했다. 요리조리 날아다니는 것을 깡충깡충 뜀박질하여 겨우 손으로 잡을 수 있었다.

"야호! 잡았다."

바이오팬은 환호성을 지른 뒤 생물체를 유심히 보았다.

"뭐야, 넌? 나 지금 급하단 말이야. 얼른 놔 줘."

눈부시도록 아름다운 초록 색깔 빛을 뿜어내는 작고 앙증맞은 요정이 얕게 실눈을 뜨고 바이오팬을 흘겨보고 있었다.

"이야, 신기하다. 요 조그만 게 말을 다 하네, 크흐……. 안녕, 난 바이오팬이라고 해. 지금은 탐험가가 되어 여기저기를 둘러보고 다니는 길이야. 나랑 길동무하지 않을

래?"

바이오팬은 귀여운 요정에게 상냥하게 말을 걸었다.

"난 꽃의 나라 요정 플라워즈야. 나도 그러고 싶지만, 지금 꽃의 나라에 늪의 메탕몬스터들이 쳐들어 와서 서둘러 가 봐야 해. 빨리 가보지 않으면 많은 꽃들이 그 녀석들에게 나쁜 일을 당할지 몰라!"

플라워즈는 다급하게 말했다.

"그래? 그럼 내가 도울 수 있는 방법은 없는 거니?"

"네가……? 그래, 그러면 되겠다. 눈을 감아 봐. 절대 눈 뜨면 안 돼. 그럼 내 마법이 안 통할 수 있으니까. 내 말 명심해야 해, 알았지?"

요정은 잠시 머뭇거리다가 금세 활짝 웃으며 바이오팬의 제안을 받아들였다.

"알았어……, 이렇게……."

바이오팬은 두 눈을 꼭 감았다. 그러자 플라워즈가 힘껏 날갯짓하며 하늘로 날아올라 초록색 마법가루를 바이오팬 온몸에 뿌렸다. 그러자 바이오팬은 갑옷을 입고 칼과 방패를 든 꽃의 기사로 변신했다.

"우와~ 이게 정말 나야? 내가…… 정말……."

바이오팬은 쩍 벌어진 입을 다물지 못했다.

"넌 이제부터 꽃의 기사야. 꽃의 나라에서 전해 내려오는 전설에 의하면, 우연히 찾아온 기사가 우리 꽃의 나라를 구해 준대!"

플라워즈는 해맑게 웃으며 말했다.

요정 플라워즈와 바이오팬은 서둘러 꽃의 나라로 발걸음을 재촉했다.

"플라워즈, 메탕몬스터들은 왜 꽃의 나라를 공격하는 거야?"

바이오팬은 열심히 플라워즈의 뒤를 쫓으며 물었다.

"메탕몬스터들은 꽃의 나라 옆 늪지대에서 나쁜 기운이 모여 만들어진 괴물 부족이야. 꽃의 나라 꽃가루를 싫어하고 꽃향기를 아주 싫어해. 그래서 메탕몬스터들은 독가스 방귀를 뿜어대며 꽃의 나라 정원을 파괴하려고 호시탐탐 노리고 있어. 난 꽃의 요정으로서 그걸 어떻게든 막아야 하고."

플라워즈는 앙증맞은 입으로 한숨을 지으며 설명했다.

바이오팬과 플라워즈가 서둘러 도착한 꽃의 나라는 벌써 메탕몬스터들의 공격을 받아 아수라장이 되어 있었다.

"어서 서둘러! 여기저기 꽃들 천지잖아! 빨리 비닐을 덮어 이 꽃들의 숨구멍을 막아야 해, 어서! 한 송이도 남

기지 말고 다 없애버려야 해, 움하하…….”

동그란 얼굴에 눈이 하나 달린 메탕몬스터의 목소리가 꽃의 나라 이곳저곳에 쩌렁쩌렁 울려 퍼졌다.

“아니, 꽃들의 숨구멍이 도대체 어디 있다고 이렇게 고생시키는지, 난 대장이 이해가 안 가. 눈에 보이지도 않는데, 흐음…….”

어수룩해 보이는 메탕몬스터 하나가 비닐을 옮기느라 땀을 삐질삐질 흘리며 투덜거렸다.

“잔말 말고 어서 시키는 대로 하기나 해!”

대장으로 보이는 메탕몬스터가 날개를 파닥거리며 날아올라 투덜거리는 메탕몬스터에게 꿀밤을 주었다.

“플라워즈, 메탕몬스터들이 날아다니잖아! 난 날 수가 없어. 어떻게 하지?”

바이오팬은 날아다니며 여기저기를 쑥대밭을 만들어 놓는 메탕몬스터들을 보고 깜짝 놀랐다.

“가만 있어 봐. 내가 하늘을 나는 백마를 불러 볼게.”

플라워즈가 또다시 날개를 파닥거려 초록가루를 뿜어내자, 근사한 하얀 날개가 달린 백마가 나타났다. 이를 지켜

보던 바이오팬의 눈이 휘둥그레졌다.

"바이오팬, 어서 서둘러! 꽃들은 잎에 숨을 쉬는 구멍이 있어. 그런데 메탕몬스터들이 숨구멍을 막았단 말이야. 빨리 저 비닐을 벗겨 주지 않으면 꽃들은 숨을 쉴 수가 없어서 금방 시들어 버릴 거야!"

플라워즈는 한 옥타브 높은 목소리로 소리쳤다.

"알았어, 걱정하지 마! 내가 다 물리쳐 줄게. 자, 메탕몬스터들을 없애러 출동!"

바이오팬은 백마를 타고 칼과 방패를 높이 들어 보이며 힘차게 외쳤다.

엉성하게 달린 두 팔로 열심히 비닐을 나르던 메탕몬스터들을 바이오팬은 현란한 칼솜씨로 단방에 제압했다. 플라워즈도 메탕몬스터들에게 초록빛 마법가루를 뿌려대며 한판 승부를 벌였다.

"아니 이것들은 뭐야? 안 되겠다. 일단 후퇴. 모두 후퇴하라! 꽃의 요정, 어디 한번 두고 보자, 흥!"

메탕몬스터들은 모두 꽁무니를 빼고 줄행랑을 쳤다.

"야호, 우리가 이겼어!"

바이오팬과 많은 꽃들은 큰 소리로 환호성을 질렀다.

메탕몬스터를 쫓아낸 바이오팬은 꽃의 나라 기사로 큰 환영을 받았다.

"고마워요. 꽃의 기사님 정말 고마워요. 여기에 머물면서 편히 쉬다 가세요."

꽃의 나라 왕인 백장미가 바이오팬에게 당분간 꽃의 나라에서 쉬어 갈 것을 권했다. 이리하여 바이오팬은 꽃의 나라에서 극진한 대접을 받으며 편안히 머물게 되었다.

LOOK!

당신은 스테이지 1을 통과했습니다.

다음 아이템을 받을 수 있습니다.

□ 하늘을 나는 스카이 보드

린네와 채팅하기

린네 님{린네}이 입장하셨습니다.

바이 님{바이오팬}이 입장하셨습니다.

식물

린네: 식물도 동물과 마찬가지로 살아 있는 생명체야.

바이: 하지만 식물은 못 움직이잖아요.

린네: 그게 식물과 동물의 가장 큰 차이지. 자, 그럼 이제 식물에 대해 조금 공부해 볼까? 먼저 식물은 크게 겉씨식물과 속씨식물로 나눌 수 있어.

바이: 그 둘은 어떤 차이가 있죠?

린네: 겉씨식물은 씨앗이 꽃 바깥에 있고, 속씨식물은 씨앗이 꽃의 씨방 안에 있어. 정원에서 키우는

린네(Carl von Linne, 1707~1778) 사람에게 '호모 사피엔스'라는 학명을 붙인 스웨덴의 식물학자. 저서 《자연의 체계 *Systema naturae*》에서 생물을 종명(고유명사)과 속명(보통명사 혹은 형용사)으로 나타내는 학명의 이명법을 창안해 현대 생물 분류법의 기초를 세웠다. 호모 사피엔스의 경우, '호모(사람)'가 종명, '사피엔스(슬기로운)'가 속명이다.

대부분의 식물이 속씨식물이지.

잎의 기능

린네: 식물의 몸은 꽃 · 잎 · 줄기 · 뿌리로 되어 있고, 각각의 기능이 서로 달라.

바이: 어떻게 다르나요?

린네: 우선 잎의 기능을 살펴보자. 잎은 다음과 같이 세 가지 일을 해.

- 호흡작용
- 광합성 작용
- 증산작용

바이: 으흐, 무슨 말인지 모르겠어요.

린네: 그럼 먼저 호흡작용에 대해 설명해 줄게. 식물도

동물처럼 숨을 쉬어.

바이: 어디로 쉬죠? 입이나 코가 없잖아요.

린네: 잎에 있는 숨구멍을 통해 이산화탄소를 마시고 산소를 내보내는데, 이것을 '식물의 호흡' 이라고 해.

바이: 아하, 그렇구나. 그런데 궁금한 게 있어요.

린네: 뭐가?

바이: 식물은 못 움직이잖아요. 그럼 어떻게 먹이를 먹죠?

린네: 식물과 동물의 또 다른 차이가 바로 그거야. 동물은 스스로 영양분을 만들지 못해 먹이를 먹어야 하지만, 식물은 몸속에서 스스로 영양분을 만들어 내거든.

바이: 스스로 만든다고요?

린네: 물론이야. 햇빛만 있으면 돼.

바이: 놀라워요. 사람도 그랬으면 좋겠다.

린네: 사람은 동물이라 먹어야 살아. 아무튼, 식물이 햇빛으로부터 스스로 영양분을 만드는 것을 '광합성' 이라고 해. 광합성은 식물의 잎 속에 있는 엽록체에서 일어나는데, 잎의 숨구멍을 통해 들어온 이산화탄소와 뿌리를 통해 빨아올린 물을 섞고 여기에 빛을 받으면 영양분이 만들어져.

바이: 그러니까 엽록체가 먹이를 만드는 공장이군요.

린네: 그런 셈이지. 이번에는 세 번째 기능인 증산작용에 대해 설명해 줄게. 식물은 뿌리로부터 물을 빨아들이는데, 이렇게 들어온 물이 잎의 숨구멍을 통해 수증기가 되어 빠져나가거든. 이것을 '증산작용' 이라고 불러. 식물은 이 기능을 통해 식물 속의 물의 양과 체온을 일정하게 유지하지.

바이: 그러니까 증산작용은 오줌을 누는 것과 비슷한 거군요.

린네: 잎이 이상한 모양으로 변해 버린 식물도 있어.

바이: 어떤 거죠?

린네: 호박이나 완두의 덩굴손은 잎이 변해서 된 거야. 물속에 사는 생이가래의 잎은 뿌리처럼 변한 거고, 벌레를 잡아먹는 파리지옥의 잎은 집게 모양으로 되어 있어서 벌레를 쉽게 잡을 수 있어.

바이: 참 신기하네요.

문제1-1

식물이 영양분을 만드는 데 필요한 것이 아닌 것은?

a) 햇빛　b) 물　c) 이산화탄소　d) 산소

단풍

바이: 가을이 되면 왜 나뭇잎의 색깔은 변하는 걸까요?

린네: 아하! 단풍이 드는 거 말이지?

바이: 네.

린네: 가을에는 나뭇잎이 녹색을 띠지 않고 붉은색이

나 노란색을 띠는데, 이것을 단풍이 든다고 말해. 식물의 잎에는 녹색을 띠게 하는 엽록소 말고도 카로틴이나 크산토필 같은 색소가 들어 있어. 카로틴은 붉은색을 띠고 크산토필은 노란색을 띠지. 이들 색소는 잎이 왕성하게 일을 하는 여름에는 많은 양의 엽록소에 가려져 눈에 띄지 않지만, 가을이 되어 엽록소가 사라지면 이들 색소가 눈에 띄게 돼. 그래서 단풍이 드는 거야.

바이: 호랑이가 없어지니까 토끼가 왕이 되는 거군요.

린네: 그렇게 볼 수 있지.

식물의 운동

바이: 식물도 운동을 하나요?

린네: 물론이야. 동물처럼 걸어 다닐 순 없지만 약간의 운동을 해.

바이: 어떤 운동을요?

린네: 예를 들어 감자 싹은 빛이 오는 방향으로 자라고, 식물의 뿌리는 물기가 많은 쪽으로 뻗어나가고, 지상으로 나온 봉선화의 뿌리는 다시 땅을 향해 뻗는 거, 이런 것들이 다 식물의 운동이야.

줄기

린네: 이번에는 줄기에 대해 얘기해 보자. 식물의 줄기에는 두 종류의 관이 있는데 이 부분을 '관다발'이라고 불러.

바이: 어떤 관들이죠?

린네: 하나는 '물관' 인데, 뿌리가 흡수한 물을 위로 올려 주는 역할을 하지. 물관은 관다발의 안쪽에 있어. 또 하나는 '체관' 인데 잎에서 만들어진 영양분을 식물의 몸 구석구석으로 보내는 역할을 해. 체관은 관다발의 바깥쪽에 있어.

바이: 그러니까 물관은 물이 위로 올라가는 엘리베이

터고, 체관은 영양분이 아래로 내려가는 엘리베이터군요.

린네: 좋은 표현이네. 그리고 줄기의 모양이 특이한 식물들도 있어.

바이: 어떤 거죠?

린네: 딸기는 줄기가 땅을 기어가고, 감자는 줄기에 양분을 저장하고, 탱자나무는 줄기가 가시로 변했고, 선인장은 줄기가 넓어져 잎처럼 보이지.

뿌리

린네: 이번에는 뿌리에 대해 얘기해 보자. 식물의 뿌리는 땅으로부터 물을 흡수하는 역할을 해. 뿌리에서 흡수된 물은 줄기의 물관을 통해 잎으로 올라가고.

바이: 뿌리는 어떻게 땅속을 뚫지요?

린네: 간단해. 뿌리의 끝에는 생장점이 있고 그 속에는

뿌리를 자라게 하는 성장호르몬이 들어 있어. 또 생장점을 보호하는 뿌리골무가 있고. 이 뿌리골무가 땅을 뚫는 역할을 해.

바이: 그럼 뿌리는 어떻게 물을 빨아들여요?

린네: 물은 농도가 낮은 쪽에서 농도가 짙은 쪽으로 흘러 들어가는 경향이 있어. 뿌리 속의 물의 농도는 높고 흙 속의 물의 농도는 낮으니까 흙 속의 물이 뿌리로 들어가게 돼.

바이: 그렇군요.

린네: 뿌리가 특이한 모양으로 변한 식물도 있어.

바이: 어떤 거죠?

린네: 옥수수는 뿌리가 땅 위로 나와 몸을 지탱해. 그리고 겨우살이는 다른 식물에 뿌리를 내리고 살아.

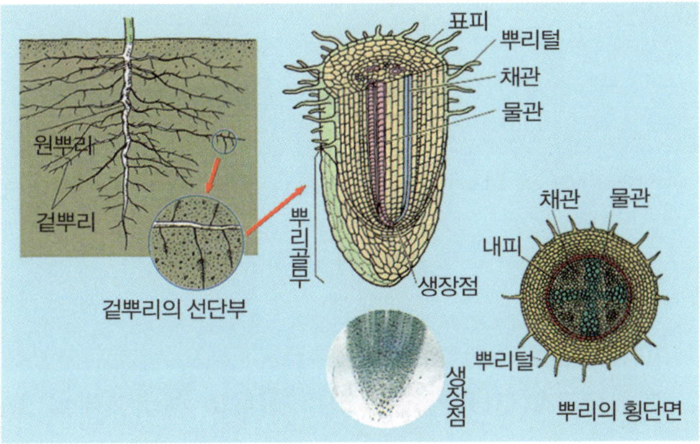

뿌리의 속구조

서프라이즈 진실 혹은 거짓

1 _ 선인장의 가시는 원래 잎이다.

□ 진실　　□ 거짓

2 _ 슈베르트의 자장가를 들려준 식물이 헤비메탈을 들려준 식물보다 잘 자란다.

□ 진실　　□ 거짓

3 _ 고구마와 감자는 모두 줄기가 변한 것이다.

□ 진실　　□ 거짓

알쏭달쏭 내 생각

꽃을 좋아하는 이식물 씨는 최근 꽃가게를 차렸다. 그는 아름다운 장미 나무를 한 그루씩 화분에 심었다. 그런데 이식물 씨의 꽃가게 근처에서 건물 공사가 진행되었다.

이식물 씨는 공사 때문에 생긴 먼지로부터 나무를 보호하기 위해서 화분에 심은 꽃들을 모두 비닐봉지로 감쌌다. 그리고 며칠 후 공사가 끝나자 비닐봉지를 모두 벗겼다.

비닐 안에 있던 장미들에 어떤 변화가 생겼을까? 여러분의 생각은?

아하! 알았다 정답

문제1-1

답은 d).

식물의 광합성은 물과 햇빛과 이산화탄소에 의해 이루어진다. 이 과정에서 산소가 발생하므로 식물이 광합성을 통해 영양분을 만드는 데 산소는 필요하지 않다.

진실 혹은 거짓

1_ 진실

선인장은 사막에서 사는데, 물이 증발되는 것을 막기 위해 잎이 가시로 변했다.

2_ 진실

식물도 좋아하는 음악을 들려주면 잘 자라지만 싫어하는 음악을 들려주면 오히려 더 안 자란다. 식물이 좋아하는 음악은 조용한 음악이고 싫어하는 음악은 전자음이 많은 시끄러운 록음악이다.

3_ 거짓

감자는 줄기가 변한 부분이지만 고구마는 뿌리가 변한 것이다.

알쏭달쏭 내 생각

장미 나무들은 모두 죽어 있다.

이유는 간단하다. 식물도 공기 중의 이산화탄소를 흡수하는 호흡을 하는데, 비닐로 막았기 때문에 이산화탄소가 부족하여 모두 죽은 것이다.

스테이지 2

씨앗이 태어났어요

식물의 수정

수술의 꽃가루가 암술머리에 옮겨지는 것을 **수분**이라 하고,
꽃가루가 밑씨와 결합하는 것을 **수정**이라 한다.

평화가 찾아온 꽃의 나라에서 바이오팬은 심심해서 온몸이 근질근질했다. 하늘을 나는 스카이 보드를 타고 멀리까지 나간 바이오팬은 외딴곳에 홀로 피어 있는 장미꽃 하나를 발견했다.

"안녕, 난 바이오팬이라고 해. 넌 왜 이렇게 외딴곳에 혼자 피어 있는 거니?"

바이오팬이 덩그러니 홀로 피어 있는 장미에게 다가가 말을 건넸다.

"난 화이트로즈라고 해. 바람에 날려 여기까지 날아와 뿌리를 내리게 됐어."

화이트로즈는 조용히 말했다.

"많이 외롭겠다……."

바이오팬은 화이트로즈가 안쓰러웠다.

"예전엔 안 그랬어. 벌 친구들도 많이 놀러 오고……. 하지만 지금은 메탕몬스터들 때문에 발길이 뜸하지."

"왜? 요즘은 메탕몬스터들이 오지 않잖아. 벌 친구들에게 다시 놀러 오라고 하면 되지 않니?"

바이오팬은 벌들이 다시 찾지 않는 이유를 이해할 수 없

었다.

"벌 친구들은 메탕몬스터들이 독가스 방귀를 뿜어대는 통에 나에게 구린내가 난다며 언제부턴가 안 오게 되었어, 흑흑……."

화이트로즈는 끝내 참았던 눈물을 쏟아냈다.

"벌 친구들이 있을 땐 저 멀리 있는 레드로즈에게 나의 사랑도 고백할 수 있었는데 이젠 모든 게 엉망이 되어버렸어."

화이트로즈는 사랑하는 레드로즈를 그리워하며 말했다.

"화이트로즈, 울지 마. 내가 벌 친구 대신 네 친구가 되어 줄게. 레드로즈에게 너의 사랑을 다시 고백해."

바이오팬은 화이트로즈의 친구가 되어 주기로 했다.

"정말이야? 고마워 바이오팬. 그럼 부탁이 있어. 내가 꽃가루를 많이 모아 놨거든. 이 꽃가루를 레드로즈에게 가져다 줄 수 있겠니?"

화이트로즈는 얼굴빛이 환해지며 말했다.

"당연하지! 바이오팬은 화이트로즈의 친구잖아. 그런 부탁이면 언제든지 얘기해."

바이오팬은 흔쾌히 화이트로즈의 부탁을 들어주었다. 스카이 보드를 타고 화이트로즈의 꽃가루를 실은 바이오팬은 열심히 날아올라 저 멀리 있는 레드로즈에게로 향했다.

"우와, 이게 뭐야? 하얀 눈꽃이 내리잖아! 정말 아름답다. 보송보송한 게 꼭 내 베개 쿠션 같은걸."

레드로즈에게 향하던 바이오팬은 우연히 민들레 홀씨를 보게 되었다. 민들레 홀씨를 보자 신이 난 바이오팬은 사뿐히 날아가는 홀씨 하나를 낚아챘다.

"이야, 낙하산이야, 낙하산! 어떻게 보면 우산 같기도 하고. 정말 신기한걸."

바이오팬은 레드로즈에게 가는 길이라는 것도 깜빡한 채 민들레 홀씨에 넋을 잃었다.

"아차! 내가 이럴 때가 아니지. 레드로즈가 많이 기다리고 있을 텐데, 서둘러야겠다."

민들레 홀씨 구경에 푹 빠져 있던 바이오팬은 다시 정신을 차리고 머리가 휘날리도록 빠르게 스카이 보드를 몰았다. 하지만 호기심 많은 바이오팬은 봉선화의 불룩한 열매를 발견하고는 다시 보드를 멈춰 세웠다.

"우하하 배불뚝이다! 열매가 곧 터질 것 같아, 크크크……."

바이오팬은 그 중 가장 불룩해 보이는 봉선화 열매 쪽으로 다가갔다.

"이게 언제쯤 터질까? 어디 한번 만져 보자."

주체할 수 없는 호기심에 바이오팬은 봉선화 열매를 톡 건드려 보았다. 그러자 열매가 사정없이 터져 버렸다.

"으~아악! 아이고 아파!"

열매가 터지면서 씨앗이 튀어나와 바이오팬의 온몸을 때렸다. 바이오팬은 씨앗을 맞으며 비명을 질렀다.

"아이고 아파라, 깜짝 놀랐잖아! 갑자기 이렇게 터지는

게 어디 있어!"

바이오팬은 팔다리를 문지르며 입을 삐죽거렸다.

"야, 너 누구야? 가만 있는 날 건드리고 네가 왜 더 난리야!"

씨앗을 다 쏟아낸 봉선화가 버럭 화를 내며 고함을 질렀다.

"어머, 미안해. 이렇게 터질 줄 몰랐어……."

자신의 실수인 것을 깨달은 바이오팬은 머리를 긁적이며 기어들어가는 소리로 사과했다.

"아직 씨앗을 터트리면 안 된단 말이야!"

봉선화는 화가 많이 났는지 목소리에 날이 서 있었다.

"정말 미안해. 한번만 용서해 주라. 아앰 쏘리~."

바이오팬은 이렇게 말하고는 뒤도 돌아보지 않고 줄행랑을 쳤다.

"휴~, 십년감수했네. 하마터면 큰일 날 뻔했어. 어휴, 앙칼스럽긴……."

도망치듯 잽싸게 날아온 바이오팬은 안도의 한숨을 내쉬었다.

"이제 거의 다 온 것 같은데……, 앗 저기다. 저기 레드로즈가 있네."

바이오팬은 레드로즈를 발견하고 소리쳤다.

레드로즈를 만난 바이오팬은 화이트로즈에게 받은 꽃가루를 레드로즈 암술머리에 건네 주었다.

"정말 고마워. 화이트로즈는 잘 있는 거지? 근데 너 왜 그렇게 여기저기 멍투성이니? 오다가 무슨 사고라도 있었어?"

빨갛고 예쁜 레드로즈가 은은한 향기를 내며 바이오팬을 걱정했다.

"헤……, 그게 아니라 오다가 봉선화를 건드리는 바람에…… 괜찮아, 곧 나아지겠지."

바이오팬은 멋쩍게 웃어 보였다.

"봉선화는 열매를 건드리면 씨앗을 밖으로 내보내거든. 그런 식으로 봉선화는 번식을 해."

레드로즈가 활짝 미소를 지으며 말했다.

얼마 후 레드로즈는 화이트로즈로부터 받은 꽃가루와 수정했다. 그리고 아름다운 씨앗이 태어났다.

LOOK!

당신은 스테이지 2를 통과했습니다.

다음 아이템을 받을 수 있습니다.

□ 그물

린네와 채팅하기

린네 님{린네}이 입장하셨습니다.

바이 님{바이오팬}이 입장하셨습니다.

수정

린네: 이번에는 꽃이 어떻게 씨앗을 만드는지 알아볼까? 먼저, 수분이 뭔지 알아?

바이: 물기를 말하나요?

린네: (에휴) 그게 아니고……. 수술의 꽃가루가 암술머리에 옮겨지는 것을 수분이라고 해.

바이: 식물은 손이 없는데 어떻게 옮기죠?

린네: 다른 도움을 받아야지. 수분의 방법은 여러 가지야.

바이: 어떤 방법이 있어요?

린네: 대부분 꽃이 피는 식물은 곤충에 의해 수분이 이루어져. 또 소나무나 보리는 바람에 의해 수분이 이루어지지. 그밖에 나사말, 검정말, 큰마디말, 붕어마름과 같이 물속 식물들은 물에 의해 수분이 이루어져.

바이: 수분이 이루어지면 씨앗이 생기나요?

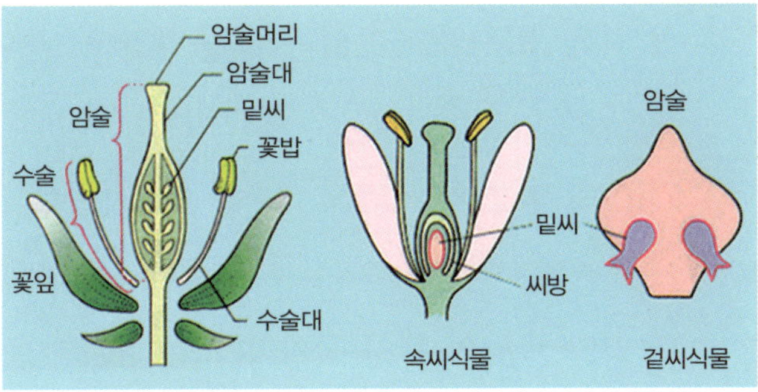

꽃의 구조

린네: 씨앗이 생기는 것을 '수정' 이라고 불러. 암술머리에 온 꽃가루가 꽃가루관을 통해 씨방 속의 밑씨와 결합하는 거지. 수정 후 밑씨는 자라서 씨앗이 되고 씨방은 열매가 되는 거야.

꽃의 분류

린네: 꽃을 분류하는 데는 몇 가지 방법이 있는데, 먼저 갖춘꽃과 안갖춘꽃으로 나눌 수 있어.

바이: 이름 한번 독특하네. 어떤 차이가 있죠?

린네: 갖춘꽃은 한 송이의 꽃이 암술 · 수술 · 꽃잎 · 꽃받침을 모두 가지고 있는 꽃을 말하고, 안갖춘꽃은 암술 · 수술 · 꽃잎 · 꽃받침 중 적어도 하나 이상이 없는 꽃을 말해.

바이: 후훗, 정말 갖추고 안 갖추고의 차이네요.

린네: 그리고 꽃잎의 모양에 따라 꽃은 통꽃과 갈래꽃으로 나눌 수도 있어.

바이: 이것도 이름에서 볼 수 있는 차이인가요?

린네: 그렇지. 이름처럼 통꽃은 꽃잎이 모두 붙어 있는 꽃을 말하는데, 도라지 같은 꽃이지. 그리고 갈래꽃은 꽃잎이 떨어져 있는 꽃인데, 민들레나 매화 같은 꽃이야.

꽃의 색깔

바이: 꽃은 왜 색깔이 다르죠?

린네: 꽃의 색깔이 여러 가지인 것은 꽃 속의 색소가 다르기 때문이야. 장미와 같은 빨간 꽃은 안토시안이라는 색소를 가지고 있고, 개나리 같은 노란 꽃이나 주황 꽃은 카로티노이드라는 색소를 가지고 있어.

씨앗

린네: 자! 이번에는 씨앗에 대해 얘기해 볼까? 씨앗의

크기는 식물 따라 달라. 식물의 씨앗은 바깥쪽은 겉껍질로 싸여 있고 그 속에는 배젖이 있고 배젖 속에 배가 있어. 배는 떡잎, 어린줄기, 어린뿌리로 이루어져 있지. 배젖이 있는 씨앗은 배가 사용할 양분을 배젖에 저장해. 우리가 주로 먹는 벼, 감, 옥수수, 보리 등은 바로 씨앗의 배젖 부분이야. 첨부사진을 참고해. 그러면 이해가 빠를 거야.

배젖이 있는 감 씨앗

바이: 모든 씨앗이 배젖을 가지고 있나요?

린네: 꼭 그렇지는 않아. 어떤 씨앗은 배젖이 없기도 해. 예를 들어 강낭콩의 씨앗에는 배젖이 없어.

바이: 그럼 강낭콩은 어디에다 양분을 저장하는 거예요?

린네: 배젖이 없는 강낭콩은 양분을 떡잎에 저장하지. 우리가 먹는 강낭콩이나 팥은 바로 씨앗의 떡잎이야.

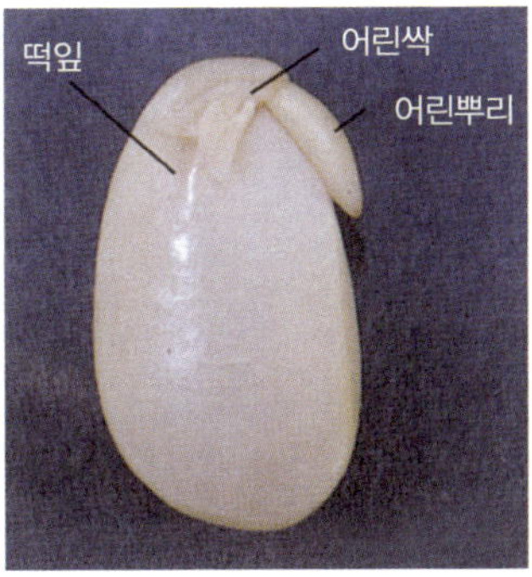

배젖이 없는 강낭콩 씨앗

씨앗의 싹 트기

린네: 씨앗이 싹 트기 위해서는 공기와 물이 있어야 해.

바이: 싹은 어떻게 트지요?

린네: 씨앗은 다음과 같은 순서로 싹을 틔워.

1. 씨앗 속에서 뿌리가 나온다.
2. 뿌리가 땅속으로 자란다.
3. 떡잎이 씨앗의 껍질 속에서 나온다.
4. 떡잎이 땅 위로 솟아난다.

씨앗의 번식

린네: 씨앗이 퍼지는 것을 번식이라고 하는데, 세 가지 종류가 있어.

바이: 어떤……?

린네: 단풍나무, 소나무, 민들레, 씀바귀 등의 씨앗은 바람에 날려 퍼져. 이런 씨앗들은 씨앗에 날개나

털이 있어서 낙하산처럼 잘 날 수 있지. 또 나팔꽃, 봉선화, 괭이밥, 산등나무 등의 씨앗은 터뜨리면서 흩어지지. 또 도깨비바늘, 도꼬마리, 도둑놈의 갈고리처럼 동물의 털이나 사람의 옷에 붙어서 퍼지는 씨앗도 있어.

서프라이즈 진실 혹은 거짓

1 _ 달에 씨앗을 뿌리면 싹이 튼다.

☐ 진실　　☐ 거짓

2 _ 죽기 바로 직전에 꽃을 피우는 나무가 있다.

☐ 진실　　☐ 거짓

3 _ 파란색 장미도 있다.

☐ 진실　　☐ 거짓

알쏭달쏭 내 생각

이식물 씨는 아프리카 동쪽 인도양에 위치한 마다가스카르 섬으로 이사했다. 그곳에 신기한 꽃들이 많다는 정보를 들었기 때문이다.

그는 마다가스카르 섬에 도착하자마자 난초 밭을 만들어 일궜는데, 얼마 있지 않아 난초 주위에 나방들이 들끓기 시작했다. 그래서 이식물 씨는 난초를 보호하기 위해 나방들을 모두 죽여 버렸다.

몇 년이 지난 후 이식물 씨의 난초 밭에는 어떤 일이 벌어졌을까? 여러분의 생각은?

아하! 알았다 정답

진실 혹은 거짓

1_ 거짓

달에는 공기가 없으므로 싹이 트지 않는다.

2_ 진실

대나무는 죽기 직전에 꽃을 피운다.

3_ 진실

생명공학자들은 페튜니아라고 부르는 푸른 꽃에서 푸른색을 내는 색소를 분리했는데, 이 색소를 장미의 유전인자에 이식하여 파란 장미를 만들어 내는 데 성공했다.

알쏭달쏭 내 생각

난초 밭이 사라졌다.

마다가스카르 섬의 난초는 꽃의 깊이가 무려 46센티미터나 된다. 그래서 다른 곤충으로는 이 난초의 수분이 불가능하고 긴 혀를 가진 박각시나방을 통해서만 수분이 가능한데, 이식물 씨가 나방을 모두 죽여 버렸기 때문에 수분이 안 되었다. 수분이 안 되면 수정이 안 되므로 밑씨가 만들어지지 않아 난초 밭이 계속 유지되지 못한다.

스테이지 3

연꽃전투

수생 식물

수생 식물들은 물속에서 견딜 수 있도록
적은 양의 산소로 살 수 있다.

하늘을 나는 스카이 보드를 타고 식물나라 여기저기를 돌아다니던 바이오팬은 뙤약볕을 피해 나무 그늘 아래에 누웠다.

"바이오팬, 뭐 해?"

꽃의 요정 플라워즈가 큰 소리로 바이오팬을 불렀다.

"너무 더워서 지쳐 있는 거지……. 플라워즈, 여긴 선풍기 같은 거 없니? 어휴, 더워……."

이마에 땀방울이 송골송골 맺힌 바이오팬이 지친 기색으로 대답했다.

"그렇게 더워?"

플라워즈가 바이오팬 옆으로 뾰로롱 날아와 손부채질을 해줬다.

"넌 안 더운 거야? 푹푹 찐다 쪄. 우리 여름휴가라도 가자, 응?"

바이오팬은 이마의 땀을 닦아내며 보채듯 말했다.

"내게 좋은 생각이 있어. 따라와 봐."

플라워즈는 눈을 반짝거리며 파닥파닥 날아올랐다.

"어딜 가는데?"

바이오팬은 영문도 모른 채 스카이 보드를 타고 플라워즈 뒤를 따랐다. 저 멀리서 물 위에 둥둥 떠 있는 연꽃들이 보이기 시작했다.

"야호, 바다다! 아니, 연못이다!"

연잎 위에 내린 바이오팬은 신발을 벗고 물에 들어갈 채비를 했다.

"호호, 좋아하긴. 우리 꽃의 나라엔 이런 아름다운 연못도 있다고. 인사해, 연꽃 친구들이야."

플라워즈는 연꽃 친구들에게 바이오팬을 소개했다.

"안녕, 난 바이오팬이야. 우와, 근데 너희들은 어떻게 물속에서 살 수 있는 거니? 너희들도 꽃이잖아."

바이오팬은 호기심 가득한 표정으로 물었다.

"우리들은 물속에 사는 식물들이야."

연꽃 친구들은 밝게 인사하며 자신들을 소개했다.

"아, 그렇구나. 우와, 연꽃이 흔들려. 바람이 부니까 이리저리 흔들리는 게, 꼭 놀이동산 범퍼카를 타는 기분이야. 야호!"

바이오팬은 물 만난 고기마냥 들뜬 목소리로 떠들어 댔다.

"바이오팬, 재밌니? 더 신나게 움직여 줘야겠는걸."

연꽃 친구들은 바람을 따라 몸을 살랑살랑 움직였다.

신이 난 바이오팬은 연꽃 친구들 사이에서 물장구를 치며 더위를 식혔다. 연꽃 친구들은 이번엔 요트가 되어 바이오팬을 싣고 둥실둥실 물결 사이로 잔잔하게 움직여 주었다.

"이런 기분, 정말 최고야. 놀이동산 물놀이 파크에 온 기분이야. 연꽃 친구들 최고! 하하하."

바이오팬은 엄지손가락을 들어 보이며 얼굴에 함박웃음

을 지었다.

"으이구, 저렇게 좋을까? 꼭 노는 건 유치원생이라니까."

플라워즈가 좋아서 들떠 있는 바이오팬을 놀려댔다.

"플라워즈, 너도 같이 물놀이하자. 얼마나 시원하고 재밌는데."

바이오팬은 나무 그늘에 혼자 앉아 있는 플라워즈를 돌아보며 말했다.

"아냐, 난 사양할래. 얼굴 그을리고 날개도 젖고. 난 됐으니까 너나 재밌게 놀아."

플라워즈는 새침때기처럼 말했다.

그때, 어디선가 다급한 목소리가 들려 왔다.

"으~악, 나 좀 살려줘! 연꽃 살려! 나 떠내려간단 말이야!"

"어머 어떡해, 수련이가 떠내려가잖아!"

연꽃 친구들이 떠내려가는 연꽃을 보고 눈이 휘둥그레져서 소리쳤다.

"도대체 어떻게 된 거야?"

영문을 모르는 바이오팬이 연꽃 친구들에게 물었다.

"누가 연못 속 줄기를 잘랐나 봐. 어쩌지?"

연꽃 친구들이 한 목소리로 대답했다.

"가만……. 그럼 내가 잠수해서 한번 볼게. 날 좀 잡아 줘."

바이오팬은 연꽃에 줄을 매달아 해녀처럼 물속으로 잠수를 했다.

'이런, 어찌 좀 잠잠하다 했더니 저놈들 짓이구나. 영악한 것들, 힘없는 식물들이나 괴롭히고.'

물속으로 잠수한 바이오팬의 눈에 띈 것은 다름 아닌 메탕몬스터들이었다. 메탕몬스터들은 날카로운 송곳니를 드러내고 줄기를 갈아먹고 있었다.

"푸하……, 메탕 몬스터들이야! 지금 연꽃 줄기를 갈아먹고 있어."

물 위로 얼굴을 내민 바이오팬은 참았던 숨을 쏟아내며 말했다.

"어머 어떡해, 큰일이야!"

연못은 순식간에 아수라장이 되었다.

"걱정하지 마! 내게 좋은 생각이 있어."

바이오팬은 연꽃들을 안심시켰다. 그리고 스카이 보드를 타고 하늘 높이 솟아올라 아이템으로 받은 그물을 힘껏 내던졌다. 잠시 후, 그물에 걸린 메탕몬스터들이 버둥대며 수면 위로 올라왔다.

"아아~악! 이게 뭐야? 빠져 나갈 수가 없잖아. 누가 모기장을 여기에다 치는 거야! 우린 모기가 아니란 말이야."

"메탕몬스터를 어떻게 보고 이런 걸 여기다 치는 거야. 스타일 구기게시리."

메탕몬스터들은 그물에서 빠져 나오기 위해 발버둥을 쳤다. 하지만 그물만 더 조여올 뿐 아무 소용이 없었다.

"니들은 모기보다 못한 놈들이야. 이렇게 당해도 싸니까 잔말 말고 조용히 해!"

시끄럽게 구는 메탕몬스터들에게 대고 바이오팬이 톡 쏘아 말했다.

"요것들 고생 좀 해 봐라."

바이오팬은 더 높이 그물을 올려 높은 나뭇가지 위에 매달았다. 그물에 걸린 메탕몬스터들은 물고기처럼 대롱대롱 매달려 발버둥을 쳐댔다. 재치 있게 메탕몬스터들을 물리친 바이오팬은 연꽃 친구들과 함께 기분 좋게 물놀이를 즐겼다.

LOOK!

당신은 스테이지 3을 통과했습니다.

다음 아이템을 받을 수 있습니다.

□ 카우보이용 BB탄 총

린네와 채팅하기

린네 님{린네}이 입장하셨습니다.

바이 님{바이오팬}이 입장하셨습니다.

수생 식물

린네: 오늘은 수생 식물에 대해 알아볼까?

바이: 연꽃 말인가요?

린네: 그거 말고도 많아. 부들, 연꽃, 부레옥잠, 통발, 붕어마름 등등 아주 많지. 땅 위에서 자라는 식물들은 흙의 영향만 받지만, 물속에서 사는 식물들은 물과 흙의 영향을 받아. 즉, 물이 흐르는가 고여 있는가, 물이 맑은가, 바닥이 진흙인가 모래인가에 따라 식물의 종류가 달라지지. 또한 물속에서 사는 식물들은 물의 깊이에 따라 다음과

같이 나눠져.

- 부엽 식물 : 물 위에 떠다니는 식물 예 개구리밥, 부레옥잠
- 추수 식물 : 뿌리와 줄기의 일부만 물속에 잠겨 있는 식물 예 벗풀, 가래, 수련, 마름
- 침수 식물 : 전체가 물속에 잠겨 있는 식물 예 검정말, 말즘, 나사말, 붕어마름

이런 수생 식물들은 물속에서도 견딜 수 있도록 적은 양의 산소로도 살아갈 수 있게 되어 있어. 그리고 가을이 되면 물속뿌리만 남고 잎과 줄기는 시들지.

바이: 수생 식물은 땅 위의 식물과 구조상 다른 점이

있나요?

린네: 물론이야. 수생 식물은 잎이 가늘고 줄기가 부드러워. 그래서 물의 흐름에 따라 잘 움직이지. 그리고 줄기에는 공기 통로가 있어서 물에 잘 뜨는 성질이 있고.

바닷가 식물

린네: 이번에는 바닷가 식물에 대해 알아봐야겠군!

바이: 바닷가는 주로 모래잖아요. 그런데도 식물이 자라나요? 그리고 해수욕 갔을 때도 식물을 본 적이 없는 것 같은데요.

린네: 물론 바닷가 모래사장은 수분이 적고 주위에 소금기가 많아서 식물이 자라기에는 별로 좋지 않은 환경이야. 하지만 그런 곳에서도 식물은 자란단다. 바닷가 식물은 바람에 잘 견디고 짜지 않은 물을 빨아들이기 위해 땅속 깊이 뿌리를 내

려. 또한 바닷가 식물들의 잎은 세찬 바람과 뜨거운 햇볕을 많이 받기 때문에 수분을 잃지 않기 위해서 아주 단단하지.

바이: 바닷가 식물에는 어떤 것들이 있어요?

린네: 순비기나무, 갯메꽃, 갯무, 모래지치, 해당화 같은 것들이 있지.

바다 속 식물

린네: 이번에는 바다 속 식물!

바이: 어떤 것들이 있나요?

린네: 바닷물 속에도 많은 종류의 식물들이 살고 있어. 흔히 아는 미역, 김 말고도 많은 것들이 있지. 바다 식물을 '바닷말' 또는 '해조류'라고 하는데, 이들 주위에는 산소가 많아서 물고기나 조개가 많이 모여들어.

바이: 미역이나 김은 땅 위의 식물과 색깔이 다른 것

같은데, 바다 식물은 주로 어떤 색깔을 띠어요?

린네: 바닷말은 태양 빛을 흡수하는 정도에 따라 여러 가지 색깔을 띠지. 색깔에 따라 다음과 같이 분류할 수 있어.

- 녹조류 : 녹색을 띠고, 얕은 곳에 사는 식물 예 청각, 말파래, 구멍갈파래
- 갈조류 : 갈색을 띠고 약간 깊은 곳에 사는 식물 예 미역, 다시마, 모자반, 톳
- 홍조류 : 붉은색을 띠며 아주 깊은 곳에 사는 식물 예 김, 우뭇가사리

바이: 왜 이렇게 색깔들이 다른 거예요?

린네: 색소가 다르기 때문이야.

바이: 어떻게 다른데요?

린네: 파래와 같은 녹조류는 엽록소가 있어서 녹색을 띠지. 그리고 다시마와 같은 갈조류는 엽록소와 갈조소라는 두 종류의 색소가 있어서 갈색을 띠

는 거고. 김과 같은 홍조류는 엽록소 외에 홍조소라는 색소가 있어서 붉은색을 띠는 거야.

서프라이즈 진실 혹은 거짓

1 _ 사람이 올라타도 가라앉지 않는 잎사귀가 있다.

□ 진실 □ 거짓

2 _ 산호는 식물이다.

□ 진실 □ 거짓

3 _ 연꽃의 줄기에는 구멍이 있다.

□ 진실 □ 거짓

알쏭달쏭 내 생각

이식물 씨는 연못에 수련이 있는 집을 사고 싶었다. 그동안 식물을 연구하여 번 돈으로 집을 구입해, 수련 연못이 만들어내는 멋진 분위기 속에서 조용히 책을 쓰며 지낼 생각이었다.

그는 부동산소개업자에게 그런 조건에 맞는 조그만 빌라를 구해달라고 의뢰했다. 그날 밤 부동산소개업자는 마땅한 빌라를 찾았으니 함께 가보자며 이식물 씨에게 전화했다. 그런데 이식물 씨가 그 빌라에 가 보니 밤 가로등에 비친 수련의 꽃들이 모두 오그라들어 있었다.

“뭐야, 내가 원하던 수련 꽃 연못이 아니잖아!”

이식물 씨는 이렇게 투덜거리고 계약을 하지 않았다.

수련의 꽃잎은 왜 오그라들어 있었을까? 여러분의 생각은?

아하! 알았다 정답

진실 혹은 거짓

1_ 진실

아마존 강의 열대 우림 지역에 있는 큰가시연의 잎사귀는 지름이 3미터나 되고 물 위에 떠 있는데, 사람이 올라타도 가라앉지도 찢어지지도 않는다.

2_ 거짓

산호는 폴립이라는 작은 동물이 만드는 것이다. 폴립은 바다 속에서 수억 마리가 모여 사는데 몸이 아주 연약하다. 그래서 몸을 보호하기 위해 바다 속의 화학물질로 돌처럼 단단한 껍질을 만드는데, 폴립이 죽고 껍질들만 남아 있는 상태가 바로 산호다.

3_ 진실

연꽃의 줄기를 연근이라고 하는데, 이 줄기에는 구멍이 있다. 이 구멍은 공기가 드나드는 통로다.

알쏭달쏭 내 생각

수련은 시간에 따라 꽃이 피고 지는 식물이다. 낮에는 꽃잎이 벌어지지만, 밤이 되면 오그라든다.

스테이지 4

메탕몬스터의 최후

무시무시한 식물

식물 중에는 파리지옥이나 끈끈이주걱처럼
벌레를 먹고사는 것도 있다.

호기심 많은 바이오팬은 오늘도 어김없이 스카이 보드를 타고 식물나라 구석구석을 돌아다니고 있었다.

"바이오팬! 너 정말 가만 있질 못하는구나. 어딜 그렇게 쏘다니니?"

플라워즈가 파닥거리며 날아와 바이오팬을 불러 세웠다.

"내가 호기심이 많잖아. 궁금한 건 정말 못 참겠어. 크크……"

바이오팬은 개구쟁이처럼 장난기 가득한 말투로 대답했다.

"알았어. 하지만 서쪽에 있는 식인식물나라 쪽으론 가면 안 돼, 알았지? 꼭 명심해야 해!"

플라워즈는 천방지축으로 어디로 튈지 모르는 바이오팬에게 주의를 주었다.

"알았어, 알았어. 걱정하지 마."

바이오팬은 연방 고개를 끄덕이며 플라워즈를 안심시켰다. 플라워즈는 그제야 안심이 되는지 남쪽의 장미나라로 날아갔다. 하지만 고개를 끄덕이는 바이오팬의 눈은 반짝거리고 있었다.

"히히히, 내가 그런다고 안 갈 것 같니? 플라워즈, 네가 가지 말라니깐 더 가보고 싶잖아. 좋았어, 오늘은 식인식물나라를 구경해 봐야겠어. 크크크, 자 출동!"

바이오팬은 잔뜩 기대를 하고 식인식물나라 쪽으로 빠르게 스카이 보드를 타고 날아갔다.

"우와, 저게 뭐야? 꼭 사람 입처럼 생겼잖아. 진짜 못생겼다. 자세히 한번 봐야겠어."

바이오팬은 주체할 수 없는 호기심에 이끌려 정체 모를 식물 가까이로 다가갔다.

"위~ 잉~ 윙~"

그때 어디선가 거대한 X파리가 날아왔다.

"에그머니나, 하마터면 부딪칠 뻔했잖아! X파리, 비행 실력이 영 꽝이군!"

X파리에 부딪쳐 중심을 잃은 바이오팬이 파리 뒤통수에다 대고 소리쳤다.

X파리는 서툰 비행솜씨로 정체 모를 식물 쪽으로 앞질러 날아갔다. 그 순간, 입처럼 생긴 꽃이 봉오리를 쩍 벌리더니 X파리를 꿀꺽 삼켜 버렸다.

"아그작, 아그작, 꿀~꺽!"

"엄마야! 뭐 저런 게 다 있어! 꽃이 파리를 잡아먹다니……."

바이오팬은 깜짝 놀라 소리를 지르며 줄행랑쳤다. 뒤도 돌아보지 않고 도망치던 바이오팬은 식인식물나라를 벗어나자 정신을 차리고 놀란 가슴을 쓸어내렸다.

그때 그곳을 지나던 플라워즈가 바이오팬을 발견했다.

"바이오팬, 네가 여기 왜 있는 거야? 너 혹시 서쪽 식인 식물나라에 갔다 온 거야?"

플라워즈가 의심스런 눈으로 바이오팬을 째려보았다.

"어……, 응. 근데 금방 왔어. 봐, 이렇게 아무 일 없이 돌아왔잖아. 근데 무슨 꽃이 파리를 다 잡아먹냐? 나 놀라서 죽는 줄 알았어. 그게 식물이야, 동물이야?"

바이오팬은 플라워즈를 보고 화들짝 놀라 말을 더듬거렸다.

"으이구, 이 말썽쟁이. 위험하니까 가지 말라고 한 거야. 그 꽃은 파리지옥이라고 하는 식물이야. 가까이 가면 꽃이 삼켜 버린단 말이야. 다시는 혼자 그곳에 가지 마, 알았지!"

플라워즈는 바이오팬에게 꿀밤을 주었다. 바이오팬은 거짓말한 것이 머쓱하여 플라워즈의 눈을 피해 딴 곳을 쳐다보았다. 그런 바이오팬의 시야에 구름떼처럼 몰려오는 메탕몬스터들이 보였다.

"앗! 저기 메탕몬스터들이 쳐들어오고 있어. 플라워즈, 나무 뒤로 숨어!"

바이오팬은 서부의 총잡이처럼 허리 양옆에 차고 있던 BB탄 총을 꺼내 들고 메탕몬스터들을 향해 쏘았다.

"플라워즈, 어서 몸을 피해. BB탄알이 다 떨어져 가고 있어. 이 방법으로는 메탕몬스터들을 이길 수 없겠어!"

바이오팬이 가진 BB탄알은 얼마 남지 않았는데 메탕몬스터들은 끝없이 몰려오고 있었다.

"안 되겠다. 플라워즈, 잘 될지 모르겠지만 이 늪 냄새 스프레이를 가지고 식인식물나라로 날아가, 어서!"

바이오팬은 그간 꽃의 나라에 머물면서 짬짬이 만들어 두었던 늪 냄새 스프레이를 꺼내 플라워즈에게 던졌다.

"아니 어떻게 하려고?"

플라워즈가 겁에 질려 파르르 떨며 물었다.

"어서 가서 이 스프레이를 식인식물들에게 마구 뿌려. 내가 메탕몬스터들을 유인해서 그쪽으로 갈게."

"혼자 괜찮겠어? 널 여기 두고 가는 게 맘에 걸려."

플라워즈는 바이오팬이 걱정되었다. 하지만 바이오팬의

재촉으로 그곳을 떠날 수밖에 없었다.

식인식물나라에 도착한 플라워즈는 식인식물들에게 늪 냄새 스프레이를 마구 뿌렸다. 그동안 바이오팬은 몇 발 안 남은 BB탄 총을 쏘아대며 서쪽으로 메탕몬스터들을 유인했다.

"아니, 이 향긋한 냄새는 무슨 냄새지?"

"대장! 이건 우리의 에너지, 늪 냄새 아닙니까?"

"그러게 도대체 어디서 이 향긋한 냄새가 나느냔 말이야."

물밀듯이 밀려오던 메탕몬스터들이 늪 냄새에 취해 코를 킁킁거렸다.

"플라워즈, 나무 뒤로 어서 피해!"

늪 냄새에 정신이 팔려 있는 메탕몬스터를 보며 바이오팬은 보드 속력을 높여 나뭇가지 뒤로 몸을 숨겼다.

메탕몬스터들은 식인식물 봉오리로 몰려들어 계속 코를 킁킁거렸다. 그 순간!

아그작 아그작-

식인식물들이 일제히 입을 벌려 메탕몬스터들을 꿀꺽 삼켜 버렸다. 순식간에 그 많던 메탕몬스터들이 흔적도 없이 바이오팬과 플라워즈 눈앞에서 사라져 버렸다.

바이오팬의 기발한 아이디어로 메탕몬스터들은 꽃의 나라에서 영원히 사라지게 되었다.

LOOK!

축하합니다.

당신은 모든 스테이지를 통과했습니다.

린네와 채팅하기

린네 님{린네}이 입장하셨습니다.

바이 님{바이오팬}이 입장하셨습니다.

벌레잡이 식물

린네: 오늘은 벌레를 잡아먹는 무시무시한 식물에 대해 얘기해 볼까?

바이: 무서워요…….

린네: 벌레잡이 식물들은 주로 산성 토양에서 잘 자라.

바이: 식물은 광합성을 통해 스스로 영양분을 만든다고 하셨잖아요. 그런데 왜 벌레를 잡아먹는 거예요?

린네: 벌레잡이 식물들은 광합성을 하기 위해 필수적으로 있어야 하는 엽록소가 없어. 그래서 곤충이

나 작은 동물을 잡아먹은 후 소화효소로 분해하여 필요한 영양분을 얻는 거야.

바이: 엽록소가 없는 식물이 있다니……! 그럼 벌레잡이 식물에는 어떤 것들이 있어요?

린네: 유명한 걸로는 파리지옥, 끈끈이주걱, 물레방아풀, 벌레잡이통풀, 코브라백합 등이 있지.

바이: 걔들은 어떻게 벌레를 잡죠?

린네: 식물마다 조금씩 차이가 있어.

- 파리 지옥 : 미국 노스캐롤라이나 주와 사우스캐롤라이나 주에만 산다. 이 식물은 잎을 벌려 벌레를 유혹한 다음, 벌레가 앉으면 잽싸게 잎을 닫는다. 그러고는 소화액을 분비해 벌레를 천천히 녹여 먹는다.

- 끈끈이주걱 : 호주와 미국에 주로 많이 산다. 잎에 나 있는 길고 불그스름한 털 끝에서 끈끈한 액을 내어 벌레가 붙으면 잎을 오므려 벌레를 잡아먹는다.
- 벌레잡이통풀 : 미국, 남미, 호주 등지에 산다. 주머니 끝의 잎에서 냄새를 풍겨 벌레를 유혹한 다음, 벌레를 주머니 안으로 유인해서 주머니 속의 소화액으로 녹여 먹는다.
- 물레방아풀 : 유럽과 호주, 아프리카 등지의 연못 속에 살면서 작은 생물들을 잡아먹는다.
- 코브라백합 : 주로 미국에 산다. 모습이 마치 코브라가 공격할 때의 모습을 닮았다고 하여 그 이름이 붙여졌다. 이 식물은 가짜 창문을 가지고 있는데 이곳으로 들어오는 햇빛을 향해 날아간 벌레들이 그 안에 붙잡힌다.

바이: 우와, 잔인한 식물들이군!

서프라이즈 진실 혹은 거짓

1 _ 지름이 1미터인 꽃도 있다.

□ 진실　　□ 거짓

2 _ 간지럼을 타는 나무도 있다.

□ 진실　　□ 거짓

3 _ 파리지옥을 '세상에서 가장 멋진 식물' 이라고 말한 과학자가 있다.

□ 진실　　□ 거짓

알쏭달쏭 내 생각

이식물 씨는 새로운 식물을 찾아 모으는 것이 취미다. 이번에 그가 새로 관심을 가진 식물은 벌레잡이통풀이었다. 그 중에서도 입구가 트럼펫 모양으로 생긴 트럼펫벌레잡이통풀이 가장 마음에 들었다. 벌레잡이통풀은 벌레를 먹고사는 식물인데, 특히 파리를 잘 잡기 때문에 벌레잡이통풀이 있으면 집 안에 파리가 사라져서 좋았다.

이식물 씨는 미국에서 트럼펫벌레잡이통풀을 주문해서 거실에 놓아 두었다. 정말 파리들이 트럼펫벌레잡이통풀의 통 안으로 골인하여 최후를 맞이하는 생생한 장면을 곧잘 볼 수 있었다.

그러던 어느 날, 이식물 씨에게 한 가지 생각이 떠올랐다. 트럼펫벌레잡이통풀이 파리를 너무 많이 잡아먹으면, 사람이 과식을 하면 살이 찌듯이, 비만이 되어 보기 흉해질까 봐 트럼펫벌레잡이통풀이 잡은 파리를 다른 동물이 조금 빼앗아 먹게 한다는 생각이었다.

그는 생각을 바로 실행에 옮겼다. 벌레를 잘 잡아먹기

로 소문난 개구리를 트럼펫벌레잡이통풀과 함께 키우기로 한 것이다.

이식물 씨는 아주 작은 녹색개구리를 사서 트럼펫벌레잡이통풀의 통 안에 넣었다. 그 후 개구리는 트럼펫벌레잡이통풀이 잡은 벌레를 트럼펫벌레잡이통풀보다 먼저 먹을 수 있었다. 그런데 얼마 후 개구리가 자취를 감추었다.

개구리는 왜 사라진 것일까? 여러분의 생각은?

아하! 알았다 정답

진실 혹은 거짓

1_ 진실

라플레시아라는 이름의 꽃은 지름이 1미터로 세계에서 가장 크다. 이 꽃은 썩은 냄새를 풍겨 벌레를 유인해 꽃씨를 번식시킨다.

2_ 진실

배롱나무 또는 백일홍나무라고 불리는 나무는 나뭇잎으로 나뭇가지를 살살 긁으면 가지를 흔들며 마치 간지럼을 타는 것처럼 움직인다.

3_ 진실

진화론으로 유명한 찰스 다윈이 한 말이다. 다윈은 파리지옥을 아주 좋아해, 파리지옥을 이용한 많은 실험을 했다.

알쏭달쏭 내 생각

개구리는 트럼펫벌레잡이통풀한테 잡아먹혔을 것이다.

벌레잡이통풀 안에는 끈끈한 소화액이 있는데, 트럼펫벌레잡이통풀 안에서 벌레를 잡아먹던 개구리 역시 먹이를 잡다가 이 소화액에 빠져서 트럼펫벌레잡이통풀의 먹이가 되었을 것이다.

GO! GO! 과학특공대 10

숨 쉬고 운동하는 식물의 생활

지은이 • 정 완 상
펴낸이 • 조 승 식
펴낸곳 • 도서출판 이치 사이언스
등록 • 제9 - 128호
주소 • 01043 서울시 강북구 한천로 153길 17
홈페이지 • www.bookshill.com
전자우편 • bookshill@bookshill.com
전화 • 02 - 994 - 0107
팩스 • 02 - 994 - 0073

2007년 12월 10일 제1판 1쇄 발행
2014년 8월 5일 제1판 7쇄 발행
2022년 4월 15일 제2판 5쇄 발행

가격 6,500원

ISBN 978-89-98007-34-8
978-89-91215-70-2(세트)

GO! GO! 과학특공대 시리즈

1. 가장 위대한 발명 **수**
2. 끼리끼리 통하는 **암호**
3. 구석구석 미치는 **힘**
4. 찌릿찌릿 통하는 **전기**
5. 온도와 상태를 변화시키는 **열**
6. 세상의 기본 알갱이 **원자**
7. 수·금·지·화·목·토·천·해 **태양계**
8. 몸무게가 줄어드는 **달**
9. 끝없는 초원에서 만난 **아프리카 동물**
10. 숨 쉬고 운동하는 **식물의 생활**
11. 달려라 달려 **속력**
12. 흔들흔들 **파동**
13. 세어볼까? **경우의 수**
14. 울려라 울려 **악기과학**
15. 초록 행성 **지구**
16. 보글보글 **기체**
17. 조각조각 **분수**
18. 반사하고 굴절하는 **빛**
19. 무게가 없는 **무중력**
20. 나눌까 곱할까? **약수와 배수**
21. 꾹꾹 눌러 **압력**
22. 뛰어 보자 **수뛰기**
23. 둥둥 뜨게 하는 **부력**
24. 외계에서 온 UFO
25. 쉽고 빠른 셈셈 **셈**
26. 우리의 가장 오랜 친구 **곤충**
27. 밀고 당기는 **자석**
28. 신기하고 놀라운 **삼각형**
29. 맞혀 볼까? **확률**
30. 한눈에 쏙쏙 **통계**

다음 책들이 곧 여러분을 만날 준비를 하고 있습니다.
많이 기대해 주세요.

- 사각형
- 비율
- 도형
- 놀이동산
- 도구
- 액체
- 화학반응
- 용액
- 숲속의 벌레
- 우리 주위의 동물
- 세계 곳곳의 동물
- 새
- 여러 종류의 동물
- 소화
- 인체
- 지구 변화
- 날씨
- 지질시대
- 바다